360° 全景探秘
最不可思议的中外悬案

最不可思议的中外悬案
ZUI BU KE SI YI DE ZHONG WAI XUAN AN

360度全景探秘

最不可思议的中外悬案

主编 李 阳

天津出版传媒集团
天津科学技术出版社

图书在版编目（CIP）数据

最不可思议的中外悬案 / 李阳主编. —天津：天津科学技术出版社，2012.4（2021.6重印）
（360度全景探秘）
ISBN 978-7-5308-6987-1

Ⅰ.①最… Ⅱ.①李… Ⅲ.①历史事件—世界—通俗读物 Ⅳ.①K105-49

中国版本图书馆CIP数据核字（2012）第078801号

360度全景探秘——最不可思议的中外悬案
360DU QUANJING TANMI —— ZUI BUKE SIYI DE ZHONGWAI XUANAN

责任编辑：杜宇琪
责任印制：刘　彤

出　版：	天津出版传媒集团
	天津科学技术出版社
地　址：	天津市西康路35号
邮　编：	300051
电　话：	（022）23332399
网　址：	www.tjkjcbs.com.cn
发　行：	新华书店经销
印　刷：	永清县晔盛亚胶印有限公司

开本 690×940　1/16　印张 10　字数 200 000
2021年6月第1版第5次印刷
定价：35.00元

目 录

一、世界各国悬案之谜 / 1

《蒙娜丽莎》之谜 / 2

巴西车手塞纳死亡之谜 / 6

古罗马军团失踪之谜 / 10

性感艳星梦露死亡之谜 / 18

加加林死亡之谜 / 24

戴安娜王妃死亡之谜 / 29

恺撒大帝死亡之谜 / 40

莫扎特死因之谜 / 44

"阿波丸"号之谜 / 48

裴多菲死亡之谜 / 55

隆美尔死因之谜 / 59

二、中国历史悬案之谜 / 67

北京人头盖骨失踪之谜 / 68

巴人失踪之谜 / 76

吴广死因之谜 / 89

陈子昂英年早逝之谜 / 93

夜明珠之谜 / 100

九鼎下落之谜 / 103

郑成功死因之谜 / 108

秦始皇死因之谜 / 113

秦兵马俑坑毁于谁手 / 117

武则天出生地之谜 / 123

骆宾王生死之谜 / 129

李自成兵败后的生死之谜 / 134

同治帝死因之谜 / 139

光绪皇帝死因之谜 / 147

岳飞刺字之谜 / 151

·最·不·可·思·议·的·中·外·悬·案·

一、世界各国悬案之谜

《蒙娜丽莎》之谜

《蒙娜丽莎》微笑之谜

500年来，人们一直对《蒙娜丽莎》神秘的微笑莫衷一是。有时觉得她笑得舒畅温柔，有时又显得严肃。在一幅画中，光线的变化不像在雕塑中产生的差别那样大。但在蒙娜丽莎脸上，微暗的阴影时隐时现，为她的双眼与唇部披上了一层面纱。而人的笑容主要表现在眼角和嘴角上，达·芬奇却偏把这些部位画得若隐若现，没有明确的界线，因此才会有这令人捉摸不定的"神秘的微笑"。

哈佛大学神经科专家利文斯通博士说，蒙娜丽莎的微笑时隐时现，是与人体视觉系统有关，而不是因为画中人表情神秘莫测。利文斯通说："笑容忽隐忽现，是由于观看者改变了眼睛位置。"她表示，当人们看一张脸时，眼睛多数集中注视对方的双眼。假如人们的中央视觉放在蒙娜丽莎的双眼，较不准确的外围视觉便会落在她的嘴巴上。由于外围视觉并不注重细微之处，无形中突出了颧骨部位的阴影。

如此一来,笑容的弧度便显得更加大了。不过,当眼睛直视蒙娜丽莎的嘴巴,中央视觉便不会看到阴影,也就捕捉不到她的笑容。

1993年,加拿大美术史家苏珊·吉鲁公布了一项令人震惊的研究成果。她说蒙娜丽莎那倾倒无数观赏者的口唇,是一个男子裸露的脊背。集画家、雕刻家、建筑师、工程师及科学家等多种才艺于一身的达·芬奇,可谓是个"怪杰"。他是个左撇子,习惯从右到左倒着书写,别人要借助镜子才能读出他写的东西。因此借助镜子亦不失为欣赏者读画的一种方法。旋转90度后从镜中看蒙娜丽莎抿着的笑唇,恰好是一个背部线条分明的结实男性脊背以及左臂和肘部的一角。

几百年来,"微笑"的新解发现层出不穷。美国马里兰州的约瑟夫·鲍考夫斯基博士认为:"蒙娜丽莎压根就没笑。她的面部表情很典型地说明她想掩饰自己没长门牙。"法国里昂的脑外科专家让·雅克·孔代特博士认为蒙娜丽莎刚得过一场中风,请看,她半个脸的肌肉是松弛的,脸歪着所以才显得微笑。英国医生肯尼思·基友博士相信蒙娜丽莎怀孕了。他的根据是:她的脸上流露出满意的表情,皮肤鲜嫩,双手交叉着放在腹部。还有一种近乎无稽之谈的说法:她的表情像吃了苯氨基亚胺,这是吃完巧克力后人体内产生的一种欢愉激素。这种说法很少有人相信,因为当时还没有巧克力呢。

《蒙娜丽莎》真伪之谜

按照以往的说法，达·芬奇的《蒙娜丽莎》收藏于巴黎的卢浮宫。但在收藏界却有一种说法，挂在卢浮宫的不是《蒙娜丽莎》，真正的《蒙娜丽莎》在伦敦一所公寓的墙上。这间寓所和这幅作品的保管者普利策博士说，《蒙娜丽莎》完成后，作品就留在了丽莎·德·佐贡多家。后来，又有一个贵族请达·芬奇为他的情妇画一幅肖像，这个女子和蒙娜丽莎长得很像。于是，一时懒惰的达·芬奇把《蒙娜丽莎》的脸部换成那名女子。画作完成后，那个贵族抛弃了情妇，因而没有买下这幅画。后来达·芬奇应邀去法国时，带去了这幅画。普利策说，使卢浮宫增添光辉的

◆ 卢浮宫

是那名情妇的肖像画。普利策博士曾用显微摄影技术证实，伦敦画上的指纹同达·芬奇其他作品上的指纹相同。根据记载，拉斐尔当年在达·芬奇作这幅画时曾经作过速写，速写中的蒙娜丽莎背后有两根圆柱，而这两根圆柱出现在伦敦的肖像画里，卢浮宫那幅的背景则是山崖、小径、石桥、树丛与潺潺的流水。

更有趣的是，美国缅因州伯特兰美术馆在1984年收到一幅《不微笑的蒙娜丽莎》，画中人物除了不笑以外，其余都酷似蒙娜丽莎本人。经测定，此画确实是当年达·芬奇的手笔，专家推测可能是作者同时画的一幅底稿。还有一种说法认为目前卢浮宫内收藏的《蒙娜丽莎》是一幅赝品，其依据在于1911年发生的那起盗窃案。被盗两年后，《蒙娜丽莎》出现在意大利，但是画面上她身后两旁的廊柱已经被切掉了。几年后，《蒙娜丽莎》归还卢浮宫。但许多专家都认为，《蒙娜丽莎》已经被一位富有的收藏家收购，挂在卢浮宫内的只是一件赝品。

死因之谜

按照记载，蒙娜丽莎46岁时抑郁而死，但一位日本心脏病专家说他发现蒙娜丽莎左眼上有一块黄斑，这是胆固醇含量过高的征兆。这位日本心脏病专家说蒙娜丽莎应该死于心肌梗死。

但是，由于历史材料有限，上述观点只是对《蒙娜丽莎》这幅画像的几点猜测，其真伪还有待于历史的证实。

巴西车手塞纳死亡之谜

1994年5月1日14时18分，F1圣马力诺大奖赛伊莫拉赛道第7圈tamburello弯道，时速300千米的FW16突然间脱离了既定轨道，在一声沉重的巨响中撞击在混凝土护墙上支离破碎，那个黄绿色的头盔无神地垂落一旁，鲜血在狭窄的单座车舱里急速蔓延……阿亚顿·塞纳以这种极度残忍的方式离开了我们。

关于车王逝世的原因，有人认为是包括超速驾驶、轮胎磨损、赛道状况等一系列原因结合在一起酿成的悲剧，也有专业人士指出，赛车方向盘连杆发生断裂是导致失控的原因……

但是，在车王塞纳10年祭之时，一本名为《阿亚顿·塞纳——天启的英雄》的书宣称揭开了塞纳的死亡之谜：在伊莫拉悲剧发生的前一晚，塞纳

的兄弟莱昂纳多送来了一盒电话录音带,上面记录着塞纳女友加里斯特乌与她前男友的一段对话。那男人阴阳怪气地嘲弄塞纳:"我在床上绝对要比他表现好!"加里斯特乌是塞纳的第5个女人,也是他最后一个和最满意的女人。一直郁郁寡欢的塞纳遇到加里斯特乌之后脸上才渐渐有了笑容,并且学会了幽默和享受生活。在听完这段录音后,塞纳一夜未眠,并拖着疲惫的身躯踏上了伊莫拉赛道。最终,一代

车王就这样再也没有回来……

其实，塞纳非常愚蠢，那盘带子并没有表明加里斯特乌试图红杏出墙，更没有同意那个无聊的男子的观点，但是塞纳钻了牛角尖，他彻夜难眠。塞纳出事前不久，澳大利亚车手罗纳德·拉森博格在到坦布雷罗赛道转弯前的高速赛段上，发生了严重事故。对着前所未有的巨大压力，两重阴影终于成为塞纳生命中不能承受之重，并且最终夺去了他的生命。

加里斯特乌得知这段陈年往事之后泣不成声，只是通过她的助手转达说：对此，她不愿作评论。但是，仅凭一本未经论证过的书就断定塞纳因情所困而导致失误未必有些牵强。作

为一名身经百战的F1赛车手，塞纳拥有的良好心理素质是无与伦比的，难道一点感情困惑就能摧毁这样一位优秀赛车手的身心吗？答案不置可否。究竟是机械原因还是感情原因，只有等待知情者出来向公众解释以后才能真相大白。

◆ 圣马力诺大奖赛

古罗马军团失踪之谜

中国和古罗马远隔万里,中间有荒原大漠和高山雪岭相阻,且两国从未有过交战,罗马军团何以能流落至中国西部的甘肃呢?这一千古之谜一直困惑着罗马乃至全世界的历史学家。这桩历史悬案起因于一场惨烈的争霸战争。

公元前53年,即西汉甘露

元年,古罗马帝国执政官之一的克拉苏率7个军团,4.5万人的精锐部队,越过幼发拉底河,发动了对古帕提亚王国(安息)的侵略战争。卡尔莱战役后,安息军队诱敌围歼罗马军团,克拉苏被俘斩首。同时,克拉苏长子普布利乌斯率精锐的第一军团6 000余人突围东逃。33年后,罗马帝国和安息言和,并相互遣返战俘。当罗马帝国要求遣返卡尔莱战争中被俘的官兵时,安息国当局否认其事。罗马人惊奇地发现,当年突围的古罗马第一军团6 000余人神秘地失踪了!历史学家研究认为,普布利乌斯率领的古罗马第一军团6 000余人,最后流

亡到西域康居国（今哈萨克斯坦境内），为在此称雄的北匈奴郅支单于收容。

据《汉书·陈汤传》记载：公元前36年，汉西域都护甘延寿、付校尉陈汤，率4万将士西征匈奴郅支单于于郅支城，并"生虏百四十五，降虏千余人"。陈汤在战争中发现一支奇特的军队，以步兵百余人组成夹门鱼鳞阵、盾牌方阵，土城外设有重木城。这一战法只有罗马军队采用。史学家认为，这支军

队当属卡尔莱战役中溃退并失踪17年的罗马残军无疑。陈汤将其俘获，并带至甘肃永昌县境内，汉政府在祁连山麓始置"骊县"以安置战俘。几乎在罗马帝国向安息要求遣返战俘时，西汉版图上出现了一个名为"骊靬"的县城。1947年，英国著名汉学家德效廉撰有《古代中国之骊靬城》一文，明确提出：中国古代称罗马帝国为"骊靬"，后又改称"大秦"。当罗马帝国在公元前20年寻找其失踪的军团时，这一军团已在9年前鬼使神差地落户在祁连山下。

史料的记载，

也为研究骊靬人的来源提供了弥足珍贵的资料。三国史专家在一幅公元前9年绘制的布帛地图上,发现有清晰可辨的"骊靬"标注。唐代骊靬人的三次起义均见诸史册。清代《后汉书补注》称,骊靬县"本以骊靬降人置"。据考古发现,西汉所筑骊靬古城位于永昌县焦家庄乡楼庄子村六队的者来寨,这里有一条宽约千米、高近10米的四方城池,后因村民造房取土,多数被毁。

现仅存残垣,长不过30余米,高不足3米,被县政府围栏保护。90年代,考古工作者发掘得到了数十件文物,并在走访中发现了1979年当地村民挖出的西汉时带有粗绳纹的灰陶片,及一处前后两室的汉代墓葬,前室仍有4件完整的灰陶、陶灶和陶仓;后室遗体关骨旁有一撮毛发,呈棕红色。村民在邻近的杏花村曾挖出一根丈余长的粗大圆木,周体嵌

有几根一尺多长的木杆，专家认为，这可能就是古罗马军队构筑"重木城"的器物。河滩村还出土一写有"招安"二字的椭圆形器物，可能是罗马降人军帽上的顶盖。当地在开山采矿时又发现了汉五铢钱，证实骊靬古城建于汉代无疑。而在骊靬城周围的者来寨、杏花村、河滩村、焦家庄等几个村落，至

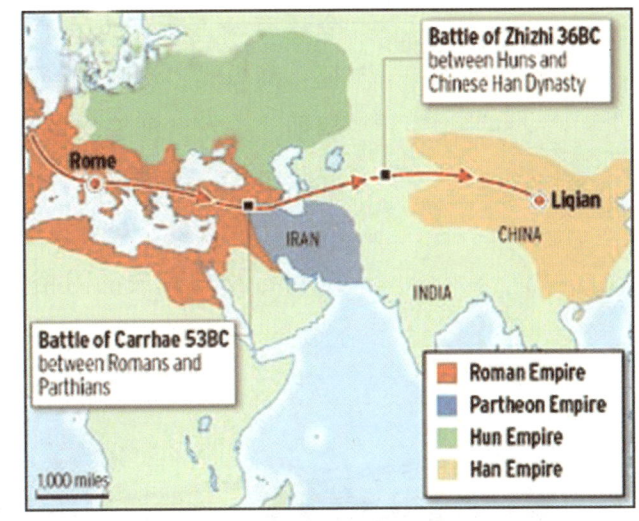

今还有一二十户人具有典型的地中海人外貌特征：高鼻梁，深眼窝，蓝眼珠，头发自然卷曲，胡须、头发、汗毛均呈金黄色，身材魁伟粗壮，皮肤白皙。虽讲汉语，但语音与当地汉人差异较大，卷舌音多，鼻音重等。永昌骊靬人至今仍保持着与罗马有关的习俗，如对牛十分崇尚，且十分喜好斗牛。每年立春时节，在牛公庙里塑"春牛"，立春一到，却将"春牛"抬到庙外打碎，以祈平安吉祥，粮畜丰产。放牧时，把公牛赶到一起，想法令其角斗，比如将牛群赶到屠宰过牛的地方，牛群嗅到血腥后发狂突奔吼叫，或拼死抵斗，俗称"疯牛扎杠杠"。专家认为这可能是古罗马人斗牛的遗风。

因此，大

多史学家认为，西汉安抚古罗马军团于骊靬古城，但仍有部分学者对古罗马军团能否经过万里征程来到中国表示怀疑，认为还存在着不少谜团尚未解开，西汉时期的中国是否已经有了欧洲的移民，还有待中欧各国考古专家的共同论证。

性感艳星梦露死亡之谜

好莱坞性感女星玛丽莲·梦露香殒时，在遗嘱中把全部家产都留给了导师李·斯特斯伯格——一个在她生命中充当父亲角色的演艺教师。1956年以来，梦露一直与李一家来往甚密，李的第二任妻子保拉、女儿苏珊也都曾是梦露信任依赖的朋友。凭借已去世的苏珊未出版的传记《一个新时代异教徒的忏悔》，我们获得了一些鲜为人知的内幕。

梦露的遗产

1962年8月5日，36岁的梦露死在洛杉矶家中，验尸报告说她体内含有致命剂量的巴比妥酸盐。梦露在遗嘱中将所有家产都留给了自己的导师和朋友李·斯特斯伯格。随后，李当时的妻子保拉将梦露的遗物存放妥当。李生前常说，"玛丽莲的东西最后都会放到博物馆去。"然而，李去世后，他的第三任妻子安娜出售了梦露的不动产和特许权。1999年，安娜又在英国的克里斯蒂拍卖行将梦露的近千件私人物品全部拍卖，共拍得1 340万美元。

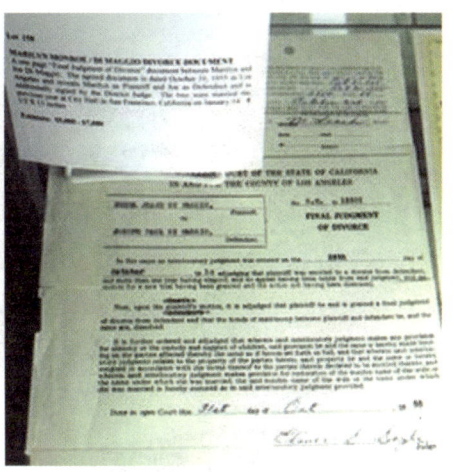

学做"正经演员"

梦露1926年6月1日出生在洛杉矶,原名诺玛·琼·贝克,16岁前生活在孤儿院和母亲朋友家中,16岁时与邻居吉米·多尔蒂结婚,1946年,两人离婚。同一年,她开始使用玛丽莲·梦露这个名字踏入演艺界,成了当时好莱坞最受欢迎的女演员。1954年,她与乔·迪马乔结婚,这段婚姻持续了9个月。1956年,梦露来到纽约,开始跟李学习表演,打算做"一名正经的演员"。李和梦露之间的师生关系密切而又引人入胜。李似乎扮演了梦露一直缺失的父亲一角,而另一方面,梦露也成了李通往名利和上层社会的入场券。在李的介绍下,梦

露结识了剧作家阿瑟·米勒,并于1956年6月嫁给了他。

　　后来,梦露一和米勒打架就会跑到李的家里去。她对巴比妥酸盐等镇静剂的依赖性越来越大。苏珊回忆说,自己一天半夜去厨房倒牛奶,发现梦露半裸着趴在客厅的地上,正向李的房间爬去。李摇摇晃晃走出来,将梦露搀回另一个房间。门没有关,苏珊看见父亲

抱着梦露，轻声唱着催眠曲："睡吧，小宝宝……梦里有天使……"，这正是小时唱给苏珊的歌。

梦露最后的日子

1960年后，梦露日益消沉，她在米勒的影片《不合适的人》中担任主角。影片完成后，梦露与米勒离了婚，又回到好莱坞过起了浮华的生活。她同意拍裸照，常常与有权势的男子整夜聚会。据苏珊说，梦露曾与肯尼迪总统在棕榈泉一同过夜。苏珊说，"玛丽莲喜欢与总统过夜的隐秘和刺激，但肯尼迪并不是她想共度一生的人。"1962年8月4日是梦露离开人世前的最后一天。那天，她给很多人打了电话，曾接到梦露电话的前男友马龙·白兰度后来说，梦露死于谋杀。梦露还在那天与前制作人米尔顿·格林通了电话，她告诉格林自己忽然对李一家产生了猜疑，并说要修改遗嘱。梦露随后还与自己的律师就此事通了

电话。

　　但遗嘱没有来得及修改，梦露就离开了人间。1999年初，年轻时曾是著名演员的苏珊，也因身患癌症而离开人世。这样，梦露究竟是因疾病离开人世还是死于他人之手也就成了一个谜，有待后人进一步考证。

加加林死亡之谜

1961年4月12日,前苏联宇航员尤里·加加林乘坐"东方一号"宇宙飞船围绕地球完成了一次完整的轨道飞行,从而使他成了人类历史上第一个进入太空的人。然而不幸的是,1968年3月27日,年仅34岁的加加林却在一次普通的歼击机飞行训练中坠机遇难,有关加加林的死因莫衷一是。

360° 全景探秘
世界
各国悬案之谜

死因的不同版本

"太空第一人"死于飞机坠毁的消息震惊了全世界,事故调查委员会对在现场找到的米格—15碎片详细分析后员确认:飞机在与地面碰撞前,所有系统工作正常。一时间,针对飞机坠毁的原因出现了20多种不同版本的猜测:有人怀疑飞机在空中发生了爆炸,有人怀疑是机舱密封出了问题。此外,由于加加林飞行区域内有20多个气象气球,因此有人怀疑加加林所乘的机与一只气球碰撞而失事。还有另外一些人则怀疑加加林是被人害死的。

同事犯心脏病要了他的命

调查发现,那架米格—15歼击机是在离地面250到300米的时候,垂直俯冲坠毁的。因此一些专家怀疑,飞机失事很可能是由米格—15歼击机的螺旋器掉落造成的。然而,俄罗斯媒体又传出另一个"失事原因"版本,该版本称,加加林的死亡应该归咎于机上另一名飞行员谢寥金糟糕的健康状态,报道称,谢寥金很可能在飞机上突然遭遇心脏病,加加林措手不及而无法

控制飞机，本来他可以利用弹射装置挽救自己的生命，但他显然不愿意放弃飞机，于是一起罹难。

推测就是推测，随着技术的不断完善和调查的继续深入，我们相信第一宇宙人加加林的死因终究会完整地呈现在世人面前。

360° 全景探秘

世界各国悬案之谜

戴安娜王妃死亡之谜

多年来，围绕戴安娜车祸之谜一直存在着"阴谋论"。戴妃去世两周年时，戴安娜车祸案首席调查官法国的赫维·斯蒂芬终于向世人公布了长达两年的调查结果：戴安娜车祸不是谋杀。然而，令人始料未及的是此事非但未偃旗息鼓，反倒越闹越凶，戴妃的男友多迪的父亲老法耶德在接受英国BBC采访时，竟石破天惊，一语道出：是英国军情6处和5处的特工一手导演了戴安娜的车祸。

疑点之一：司机的血样被调包了

法国调查官赫维·斯蒂芬公布戴安娜车祸的调查结果后，哈罗德商场的老板艾尔·法耶德立即发表声明，否认关戴妃之死是驾驶员亨利·保罗服用过量掺药的鸡尾酒后，高速行驶导致车毁人亡的说法。法耶德在英国BBC第五频道披露了一条爆炸

性消息:"司机亨利·保罗在车祸前3年一直是英国情报部门军情6处(MI6)领取薪水的告密者。那天,他事先就接到英国情报部门的密令,为戴安娜驾驶280奔驰车,当然行车的路线都是严格按照MI6预先制定的线路图进行的。"法耶德继续说,"实际上,当时保罗最多以每小时40~50千米的车速行驶,根本没有喝醉。但是,英法情报部门为了杀人灭口,故意制造车祸的假象让人相信,是饮酒过度造成的一起交通事故。车祸发生后,亨利·保罗的血样已在验尸房被人调换了,因此,调查一开始就走入歧途。"他说,"我将设法证明那不是亨利·保罗的血样。"

疑点之二:为何要谋杀戴妃和多迪

那么,英法情报部门为何要联手谋杀戴安娜和她男友多迪呢?法耶德解释说,"戴安娜经过20多年地狱般的生活后,终于找到了幸福的最后希望,她与多迪的相识,使

她确信她仍能在这个世界上找到自己的知己。而那些夺走我儿子生命的人就是不想让戴妃获得自由和幸福。"

法耶德称,就在戴妃和多迪命丧法国的前几个星期,美国特工偷录了他们乘游艇度假时彼此间以及和他人谈话的内容。他说,"她知道她被人跟踪上了,美国情报特工活动无孔不入,根本无法摆脱。"

法耶德还谴责了查尔斯王子,他与戴妃结婚后,仍与情人卡米拉相好,娶戴安娜唯一的目的是让她为自己生孩子。他说,"他明明知道自己与卡米拉相恋,却为什么要与她结婚,为什么要伤害这样一位美丽、无辜的姑娘,说到底就是想让她为他生两个儿子。这是不可接受的。"他指出,"当戴安娜最终逃出牢笼,寻觅到真正的幸福时,他们竟无法容忍她与一位穆斯林男子的结合,唯恐这会使皇室丢脸

360° 全景探秘

最不可思议的中外悬案
ZUIBUKESIYIDEZHONGWAIXUANAN

面,最终唆使特工向他们下了毒手。"

疑点之三:调查结果漏洞百出

法耶德指出,法国公布的长达32页的调查报告疑点颇多,根本无法让人信服。例如调查报告为什么不对下列疑点作出交代:"那辆一直追在后面的神秘菲亚特乌诺轿车到哪里去了?那辆用激光枪瞄准司机造成目眩的摩托车哪里去了?存放在MI6的亨利·保罗的档案在什么地方?"他说,"我将一直坚持不懈地去调查,直到找出事件真相。"

尽管参加戴安娜生命最后时刻抢救的医院职员一再否认,法耶德坚持说有人告诉他戴安娜弥留之际的话。他说,"在车祸过了七八个小时后,她仍然活着。她一直念念不忘多迪。在一间病房内,有个护

士在那里，她一直守在她的身边。"他有理由认为那个护士是英国情报部门安插的特工，她有可能在验尸后对保罗的血液进行调包。他认为要解开谜底，必须将那位神秘护士找到，让她不受任何外部压力的影响，说出实话。

种种疑点使法耶德确信戴安娜之死绝非普

通车祸,而是由英法情报部门精心导演的谋杀案。法耶德说:"如果英国政府组成一个由我指定的一位代表参加的调查小组,真正去打开MI6和MI7的档案,那么这宗神秘的谋杀案必将水落石出。"

王子：一定是谋杀！

英国王妃戴安娜之死扑朔迷离，她儿子威廉也不相信其母是死于意外，他暗中找来军情五处前探员协助，誓要将凶手绳之以法。威廉王子在戴妃逝世4周年之际，曾跪在墓前发誓："我知道你是被谋杀的，在凶手被法律制裁之前，我绝不会罢休。"据威廉密友透露，威廉相信母亲之死有太多疑点，最

明显的是戴妃平时即使穿上隆重晚礼服也坚持戴安全带,但车祸当晚她却没有这样做。

英国王室下的毒手?

英国社会传闻,因戴安娜已身怀有孕,为避免未来国王威廉有个异父兄

弟，王室遂指派间谍机构军情五处和六处下毒手。

地雷商埋下"炸弹"？

这种说法指责地雷制造商杀害了戴安娜。因为戴安娜一直关心地雷带来的祸害，倡议全球禁制地雷，损害了他们的利益。

汽车故障的意外？

肇事车辆曾被人盗去控制刹车的电脑中枢组件，令人怀疑车祸可能与汽车机件故障有关。有人目睹一部摩托车扭向戴安娜所乘车前面，在看到一些相机闪光后奔驰车便失去控制，据说当时摩托车上有两个人。

因医生延误而死？

英国著名心脏外科专家克里斯蒂安·巴纳德表示，如果戴安娜在车祸发生后10分钟内被送往医院，她可能已被救活了。因为只有手术才能制止大出血，而他们在现场磨蹭了1个多小时，所以导致戴妃最终死于内出血。一位法国医生弗雷德里克回忆现场时说，戴安娜是车上4人中情况最好的一个，她看上去"还不错，有活下来的机会"。

恺撒大帝死亡之谜

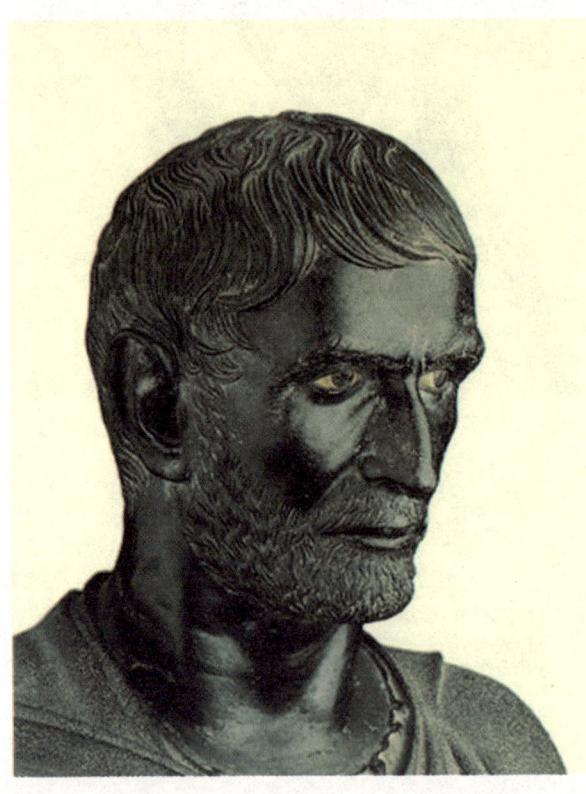

莎士比亚戏剧《裘力斯·恺撒》中,恺撒高度赞扬布鲁图"是一个真正的男人"。布鲁图何许人也?传说中是恺撒大帝与情人塞尔维利娅的私生子,也是后来刺杀恺撒的主要策划者之一。布鲁图真的亲自参与了刺杀行动吗?他为什么杀父呢?

公元前44年3月15日,在庞培议事厅,当每个谋杀者都向恺撒身上捅刀时,布鲁图也刺了一刀,恺撒对别的刺杀者拼命反击,然而当他看到布鲁图手里的匕首时,

竟然默默地用外袍蒙上了头,心甘情愿地挨刺。另有一些人写道:"恺撒用希腊语说道:'是你?我善良的孩子!为什么?'看来,恺撒将死之时,仍认为布鲁图是自己的孩子。"

普鲁塔克在给恺撒和布鲁图作传时强调:"恺撒不但深爱塞尔维利娅而且也爱布鲁图,虽然他不过是私生子。"恺撒如此仁慈地对待布鲁图,但当恺撒和庞培为争夺最高权力而内战时,布鲁图没加入恺撒一方,而是站到处死自己父亲的庞培一边。尽管如此,恺撒仍爱着布鲁图。他告诉下属,不许在战争中令布鲁图死亡。如果

布鲁图投降,就俘虏他,如果他誓死不当俘虏,就随他便,总之千万不可伤害他。

恺撒对布鲁图可谓仁至义尽。那么布鲁图到底为何要一向反叛恺撒,甚至要杀死他呢?

从根本上说,布鲁图作为共和派,极端仇视君主专制制度。面对有称王企图的恺撒,布鲁图表示了坚决的立场:"为国家的自由而

◆庞培古城

死，是我们刻不容缓的职责！"种种迹象表明，布鲁图对恺撒大帝恨之入骨。在他心中，恺撒即是暴君的代表，而除暴安良是他作为"真正男人"所必定要做的。刺杀恺撒天经地义。

但以上只是作者普鲁塔克的一些主观倾向而已。究竟恺撒大帝身死谁人之手，还有待进一步的考察。

莫扎特死因之谜

奥地利音乐大师莫扎特1791年12月5日死于维也纳，时年35岁。莫扎特在孩提时代就经常吃药，临去逝前几个月更是"不断地看病吃药"，但到底他患了什么病，却没人知道。200多年来，这位音乐神童的死因一直是西方医学界的难解之谜。

不久前，美国医学专家简·赫希曼公布了他的研究成果：莫扎特死于旋毛虫感染。但是德国著名的毒理学专家赖因哈德·卢德维希教授却对此结论表示怀疑。

赫希曼得出结论的主要依据是莫扎特在1791年10月7日写给太太康坦紫的一封信。信

中写道:"我嗅到什么?猪排!那是何等美味。"赫希曼称当时很多猪排受到了旋毛虫污染,有很多人因此而患上了旋毛虫病。旋毛虫病的潜伏期可长达50天,此病的另一种症状是发痒,而且从病理记录看莫扎特也有这个症状。因此,莫扎特患上旋毛虫病这一假说也就得到了一部分人的支持。

然而,卢德维希教授却认为,赫希曼所提出的支持其结论的依据"实在太牵强

了"。他指出,目前有关莫扎特死因的猜测有很多,而且几乎所有研究根据的都是相同的原始资料,但为什么科学家又会得出不同的结论呢。这主要是因为:"原始文件不完整,有些甚至是虚假的,有的内容还相互矛盾。"他还补充说,妨碍科学家对莫扎特死因做出统一判

断的另一个重要因素是,"我们没有对莫扎特进行过尸检,因为我们不知道莫扎特骨骸的下落"。

目前人们所掌握的材料不足以解释莫扎特的死因。"莫扎特究竟因何而死,我们现在谁也不知道,也许将来也不会有人知道。"这可能是个不解之谜。

"阿波丸"号之谜

　　1945年春，日本的海上运输线被美国海军切断，但当时日本还扣押着英、美等国战俘和侨民16.5万人。除日本本土外，分别关押在中国的沈阳、青岛、上海和台湾等地。英、美等国要求日本派民用船承运红十字会送给盟国战俘和侨民的救济物资。美国承诺，在日本至中国东北、青岛、上海、台湾航线，以及日本至东南亚航线上，保证运送救济物品的日本民用船只的安全。日本决定

用"阿波丸"来完成这项任务并保证该船只用于承运战俘和侨民所需的生活物资。然后,"阿波丸"按美方的要求,两舷漆上了绿色油漆,中间勾画出白十字,夜间航行时用灯光把白十字照亮。就这样,"阿波丸"号摇身一变成了运送救济物品的"红十字"和平船。

然而,自作聪明的日本人在起航前又秘密地装上了约600吨军火及飞机零件,并在包装箱上贴上红十字标志,准备送往驻东南亚日军。而且有关国家提供的资料表明,"阿波丸"号上"装有金锭40吨,白金12吨,未加工钻石15万克拉,工艺品40箱,锡3 000吨,橡胶2 000吨,铝2 000吨等。"但聪明反被聪明误,日本人怎么也没想到,"阿波丸"这次出海,竟成为死亡之行。

1945年2月17日,"阿波丸"由日

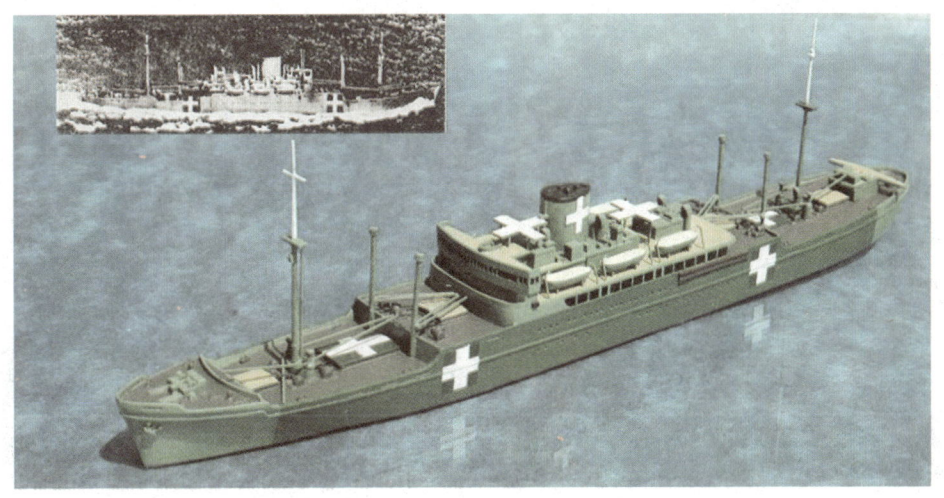

本门司起航。途经中国台湾、中国香港、西贡、新加坡，于3月10日到达印度尼西亚雅加达港口。3月18日自雅加达开出返航。当时驻东南亚日军人心惶惶，军政要员们争夺"阿波丸"乘船证逃回日本。凡拿到登船证的军政要员都化装成伤兵，由士兵和医护人员扶上船。

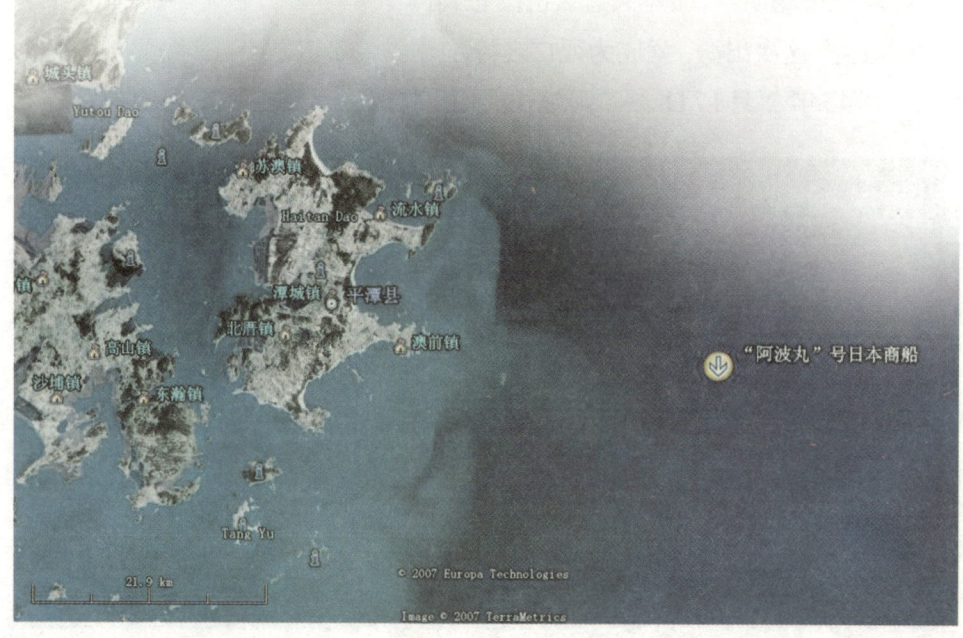

3月24日,"阿波丸"到达新加坡,停靠4天后继续返航。当"阿波丸"进入台湾海峡时,正在值班巡逻的美国"皇后鱼"号潜艇发现了"阿波丸"号。经测定,其行驶航速达18海里。拉福林认为一般非军事船只没有如此快的航速,他断定这是一艘日本驱逐舰!于是发出"停车受检"的信号,但"阿波丸"置之不理。因此带有复仇心理的拉福林艇长下令"鱼雷攻击"。在1万米的距离里,4只鱼雷间隔100米从水下飞速扑向目标。接着就是巨大的爆炸声,约15分钟后,"阿波丸"在海面上消失了。船上2009人中只有三等厨师下田勘太郎一人幸存。当时他正在船上看书,突然爆炸的冲击波将他从床上抛到

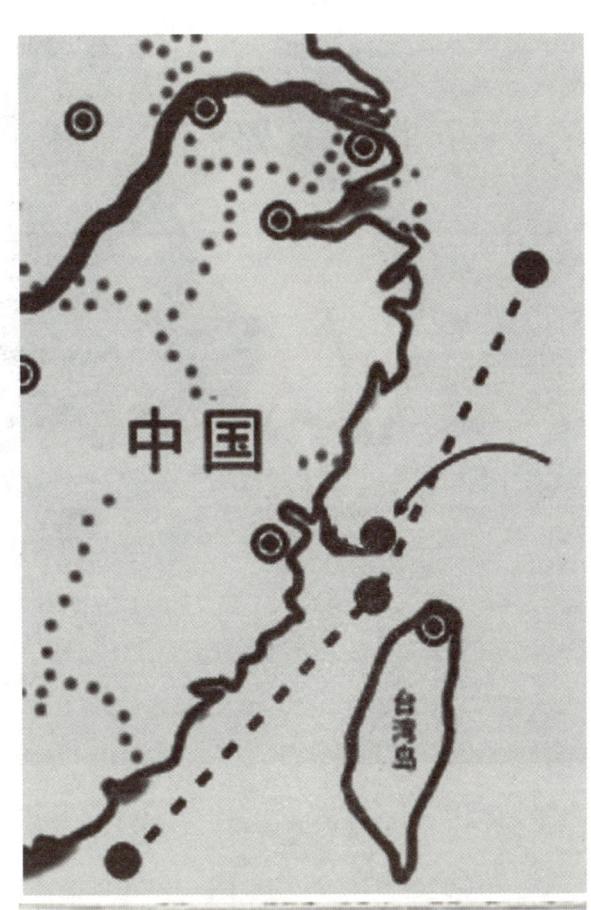

海里，后来美国"皇后鱼"号把他救起。

1977年3月，经当时中国国家领导人华国锋批准，国务院、中央军委联合下达文件，决定打捞"阿波丸"沉船，"阿波丸"号才继续引起人们的关注。打捞过程中，工程指挥部决定分割船体，引爆切割船首，这是我国首次60米以下深水作业，一次成功。1980年6月30日，上

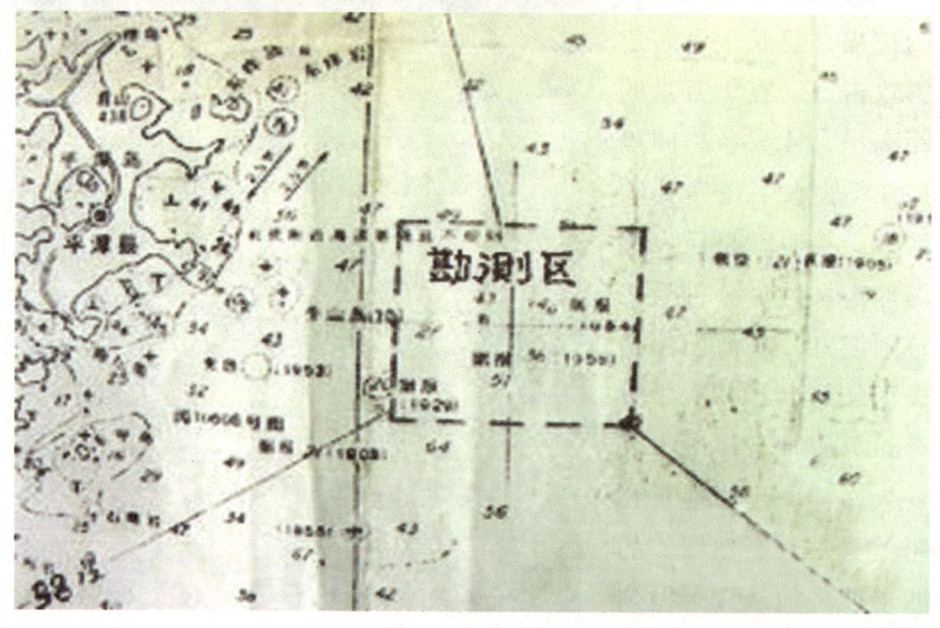

海打捞局"大力"号起吊了"阿波丸"船首。"阿波丸"沉没20多年后，终于重见天日。

这次打捞行动，潜水员打捞出大量尸骨、锡块、橡胶块等物，但并没有找到所谓的金银财宝。不过，这次打捞，竟然发现了伪"满洲国"政要郑禹的家藏小官印（玉印）及郑孝胥安葬时分给后人的圆砚，砚上有"郑公孝胥安葬纪念"字样，而历史记载船上全是日

◆ 阿波丸死难者纪念碑

本人,这说明日本人携带了在中国北方搜罗的文物宝器,虽然此次并没有发现传闻中被秘密装载的北京人头盖骨,但是也为装载"北京人"提供了有力旁证。

据记载,"阿波丸"确是日本军国主义在"二战"失败前夕从东南亚撤回的一条万吨巨轮,船上装载了日军掠夺来的大量贵重金属、工艺品、珠宝,是已知沉船史上丧生人数最多、价值最高的沉船。由于当时美日之间约定"阿波丸"是运送人道主义物资,而日本方面又偷偷装载了武器弹药以及贵重物资,因此"阿波丸"事件在许多方面至今还是未解之谜,如:"阿波丸"究竟是和平船还是战争船?美潜艇将其击沉,是有意还是误会?2 009名乘员为何只有一人逃生?自爆装置是否引爆?船上的黄金、珍宝究竟有哪些?至今为世人关注,被称为"阿波丸之谜"。由于中国打捞的只是"阿波丸"船头,还有三分之二的沉船残骸没有捞起,所以只有等其完全打捞上来才能最终查清楚其隐藏的神秘信息。

裴多菲死亡之谜

裴多菲是匈牙利19世纪的伟大诗人和革命者。他的名句"生命诚可贵,爱情价更高,若为自由故,二者皆可抛。"在中国家喻户晓。多年来,裴多菲的下落一直是个谜。

通常认为,裴多菲1849年在保卫匈牙利独立的西格什瓦尔战役中阵亡。但关于他没有战死的说法也一直并存。有人说他在该战役中被俄国人俘虏,流放到西伯利亚。有人在西伯利亚还看到过他的坟墓。

1989年,一位名叫莫尔毛伊·费伦茨的企业家自愿出巨资,组建了一支由匈牙利、苏联和美国专家参加的国际考察队,前往西伯利亚寻找裴多菲的下落。考察队员在1849年俄国俘获的战俘名单中查到了裴多菲的名字,还有资料记载他被流放到贝加尔湖附近。经当地政府许可,考察队先后挖了21座坟,均未发现裴多菲的尸骨。

1989年7月17日，在挖出另一墓中头骨时，匈牙利的基塞伊教授一眼就断定它可能是裴多菲的遗骸。因为诗人生前头颅形状很特殊，而且长有一颗很显眼的虎牙，这两点特征与挖出的头骨完全相符。整具尸骨全部挖出后，专家一致认为，墓里埋葬的就是裴多菲。

进一步考证得知，裴多菲当年被流放到这里后与当

地邮差的女儿结了婚，现在还留有后代。他死于1856年5月。从挖掘出的遗骸上可以看到，裴多菲死时嘴巴张得很大，埋葬时只有衣服裹尸，未被装入棺木。专家们判断，他可能死于被杀或者血液中毒。

他们发现的尸骨真的是裴多菲的遗骸吗？主流的历史记录难道真的有这么多错误需要纠正吗？这些都需要等找到更为有力的证据时才能下最终的结论，现在还为时过早。究竟裴多菲死因如何，还需要进一步考证。

隆美尔死因之谜

被誉为"沙漠之狐"的隆美尔,原系普鲁士陆军军官。从第一次世界大战结束到1933年希特勒上台,他先后担任过驻斯图加特某步兵团射击连连长和德累斯登步兵学校教官。他以忠诚和卓越的军事才能得到上司的青睐而逐步升迁。

希特勒上台后，隆美尔受到特殊的宠信，曾多年负责他的安全与保卫工作。第二次世界大战爆发后，他被委以独当一面的重任。这位被宠信的将军也确实没有辜负主子的厚望。1940年初，他担任第七装甲师师长，奉命入侵法国，击退英法联军，直抵英吉利海峡。他后又率军恢复北非局势，先后荣获铁十字勋章和栎树叶铁十字勋章。在北非广阔无垠的大沙漠上，他以较少的兵力与英美联军周旋，他机智果断，英勇善战，创造了许多举世闻名的成功战例，至今仍为人们津津乐道。这期间隆美尔平步青云，一跃成为纳粹德国最年轻的陆军元帅。然而，这位显赫一时的传奇式将军却在大战结束前几个月，惨死在曾经百倍宠信过他的希特勒手上。这个不曾预料的结局，给他的一生蒙上了一层悲壮而又神秘的色彩。

1943年，苏德战场上，德军累遭失败，西线盟军实力增

强。然而一意孤行的希特勒不顾前线将士的安危，禁止任何撤退或突围，将士伤亡惨重。在形势日益严峻的情况下，在西线苦苦挣扎的隆美尔不得不从埃及撤退。为了阐明自己的主张，隆美尔亲自飞往希特勒的最高统帅部，以精辟的见解劝告希特勒放弃北非，然而却遭到了怒斥。非洲失守后，希特勒任命他为西线B集团军司令。这时，盟军利用掌握在手中的制海权和制空权，对西线德军展开了立体攻势，隆美尔请求增援，又多次遭到希特勒的奚落与斥责，他对最高统帅的冒进战略与独断专行非常不满。1944年6月6日，盟军在诺曼底登陆成功，这使他更深刻地认识到德军末日已将来临，他又一次恳切地向希特勒痛陈利弊，要求结束西线战争，并在7月15日给他发出了最后信件。这时，他已拿定主意，准备在法国与盟军单独媾和。

7月17日，隆美尔乘车途中遭到盟军飞机的袭击，受了重伤。在医院抢救治疗期间，震惊

世界的"七·二〇"谋杀希特勒的事件发生了。对这次事件,隆美尔没有表示过赞同。他的妻子和儿子在战后都发表过声明,否认隆美尔参加了这次谋杀事件。

"七·二〇"谋杀事件,使希特勒差一点命丧黄泉。他的秘密警察在"七月阴谋"后的清洗中牵涉到了隆美尔。据此,一些历史学家、传记作者都将他描绘成反希特勒的英雄,并详细描绘了他与谋杀集团的合作。数次再版的美国记者威廉·夏伊勒的《第三帝国的兴亡》一书中也确认了隆美尔与谋杀集团的合作。然而,在斯奈德的《第三帝国百科全书》的一篇文章中说:1944年7月,英军飞机击中他的汽车,他身负重伤,被送回家乡尤姆养病。这时,隆美尔日渐觉悟……这个坦率、单纯的军人,开始转向政治,他反对计划中对希特勒的谋杀,因为这会使希特

勒成为英雄……隆美尔从未在"七月阴谋"中担任积极角色。1977年,英国传记作家大卫·欧文在他的《狐狸的审判》一书中,发表了虽与上述观点略同,然而又肯定得多的论断。他认为,隆美尔是一个单纯的军人,他自始至终忠于希特勒,从未参加过谋反活动。他认为隆美尔的死是由于被捕的谋反分子有意供出一些效忠希特勒的元帅,为真正的同谋打

最不可思议的中外悬案

掩护。为此，大卫·欧文还引证隆美尔夫人1945年9月发表的对她丈夫曾参加谋反集团进行否定的声明，用以证明自己的观点。他的作品问世后，立即遭到了一些人的反对。反驳得最起劲的就是唯一幸存下来的原隆美尔部队参谋长斯派达尔。他以自己的亲身经历证明：隆美尔不仅发表过结束战争的言论，而且要推

翻纳粹政权。因此,他声称隆美尔是谋反集团的成员。

不过,仔细想起来,欧文的观点也并非证据十足。如果说隆美尔缺乏政治头脑,是一个只知道效忠元首的"单纯的军人",又怎能想到在激战之际与西方盟国签订停战协定,以便在东方战线开辟新的局面?所以要证明他没有参加谋反活动,理由还不够充分。另外,如果说隆美尔之死是

谋反分子有意供出，那么，希特勒又怎么会如此轻信？隆美尔多年效忠，战功显赫，希特勒轻信胡编的供词而错杀他吗？

关于隆美尔的死因，学者们一直在探寻，究竟是何原因导致希特勒狠心处死自己的大将，尚待人们的进一步研究。

·最·不·可·思·议·的·中·外·悬·案·

二、中国历史悬案之谜

北京人头盖骨失踪之谜

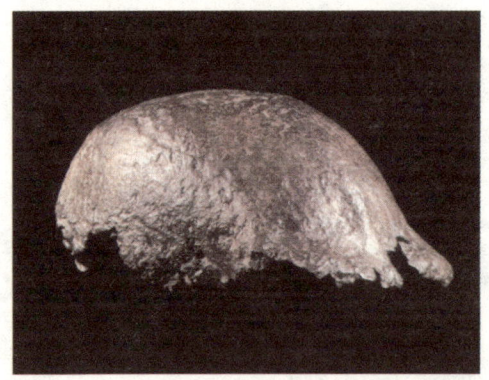

20世纪20年代，人类重新认识自己起源的旅程，是从中国的周口店开始的。生活在50万年前的"北京人"头盖骨的出土，被学术界誉为古人类研究史中最动人的发现。然而，北京人的头盖骨，却在日本反人类的暴行中突然消失了。

化石将运往美国

1929年12月2日，北京人头盖骨被发掘出来，这为从猿到人的学说提供了有力证据。1936年，研究人员又发现了3个成年猿人的头骨化石。1941年，美日关系紧张。当时北平被日军占领，于是他们开始占领美国驻北平的一些机构。属于美国财产的存放和保管北京人头盖骨化石的北平协和医院

◆ 周口店北京人遗址

也不能幸免。因此新生代研究室决定为北京人化石找一个更为安全的存放地点。

当时有3种处理方案：第一，把化石运往抗战的后方重庆，但战争环境下难以保证安全；第二，在北平就地掩埋，

◆北京猿人遗址

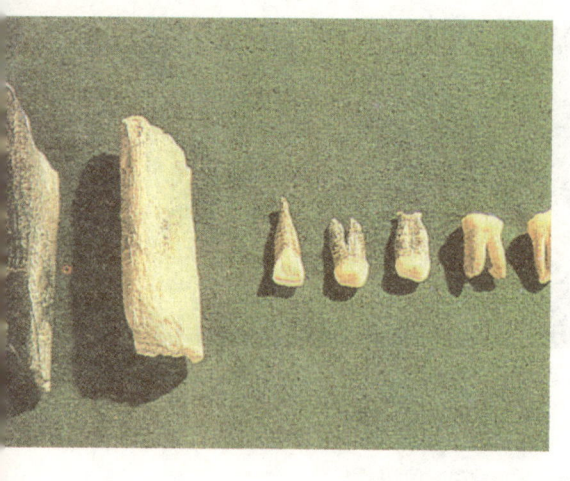

但在沦陷区安全同样无法保证；第三，运往美国保存。据古人类学家胡承志回忆，由于合作挖掘化石时中美签的合同规定，周口店发掘的所有化石都是中国财产，所以当时美国公使馆的人拒绝接收。后经国民政府协调，驻北平的美国公使馆才接收这批珍贵的古人类化石，并准备将其安全运往美国保存。运走前，胡承志对化石进行了精心包裹。他大概是最后一个见到北京人

化石的中国人，以后没有中国人看见或知道它们的下落了。

美军队秘密押运

1941年12月5日凌晨，一列美海军陆战队专列驶出北平，据说车上装有北京人头盖骨化石。按计划列车到秦皇岛后，化石将通过"哈利逊总统"号轮船运往美国。然而1941年12月8日，日本偷袭珍珠港，太平洋战争爆发。日军迅速占领了美国在华的机构，托运的负责人弗利和助手戴维斯成了俘虏。在天津的战俘营中，他们陆续收到从秦皇岛兵营运送来的行李，但北京人头盖骨已不见踪迹。

日军的反常行为

事隔半年，日本东京大学教授常谷部和助教高景东二突然在英文版的北平新闻上声称，保存在协和医院的北京人头盖骨被窃。很快，一场追寻北京人头盖骨的行动紧锣密鼓地开始了。值得注意的是日本人对追寻工作格外卖力，几乎所有参与发掘工作的人员都受到审查。古人类学家裴文中在狱中被关了48天。古人类学家周国兴回忆说：当时曾传出一个消息，这些东西在天津找到了……如果说日本宪兵队没得手，怎么能那么轻易放人？

1945年8月，日本无条件投降。不久日本发布的公告声称，已将劫掠到东京的一批古人类化石和发掘工具一起移交给了盟军当局，以便归还中国。然而中国政府从盟军总部接收到的日本归还物品清单中，却没有北京人化石。盟军总部也应中国政府之邀，动用驻日盟军参与广泛搜寻，结果一无所获。

再次发掘周口店

1949年9月，周口店的发掘者们在找寻不到化石的情况下，又把目光投向了周口店。9月27日，中断了12

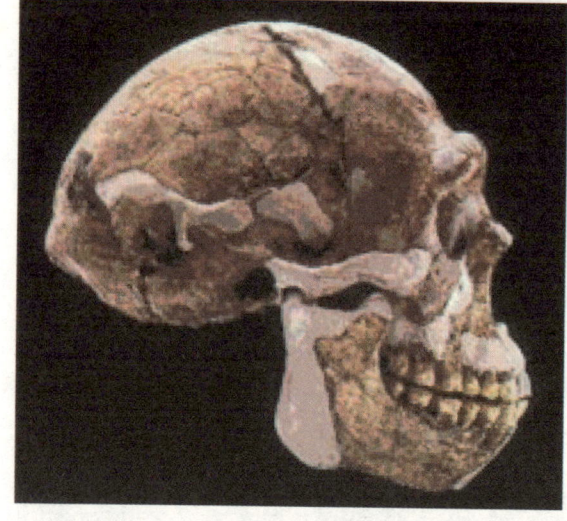

年的发掘工作重新开始。在挖土过程中，他们获得了3颗牙齿，这是当时唯一在中国人手中的北京人化石的真实标本。此后，又陆续获得了两颗北京人牙齿和其他动物化石。值得一提的是，1966年由古人类学家裴文中主持的发掘中，发现了一块额骨和一块枕骨，它们显然是属于同一个头骨。新发现的头骨碎片与1931年、1936年的第五号头骨的两块颞骨，拼合成一块比较完整的头盖骨。显然，它们属于同一个个体，这是目前仅存的北京猿人头盖骨的标本。遗憾依旧压在人们的心头：12年后发现的化石无论数量还是价值，都无法与此前的发现相比。

1992年，周国兴与日方有关人士成立了"回归北京猿人化石委员会"。有人提供线索称，当时驻丰台日军的一个士兵可能知道情况，但那个士兵只留下电话就被家人拉走了，进一步追查受到日方阻挠。周国兴曾希望当年发布化石丢失消息的高景东二帮助寻找化石，但他拒绝了，并否认化石到过日本，甚至对自己到过中国都予以否认。

今天，随着许多参与周口店发掘工作的当事人和知情人的辞世，寻找北京人化石的难度正越来越大。裴文中、杨钟建、贾兰坡等专家陆续离开人间后，人们根据他们的遗愿，将他们安葬在龙骨山上。带着生前无尽的遗憾，这些中国古人类学的先驱们在九泉之下，依旧静静守望着这片50万年前北京猿人生活过的家园。

北京人头盖骨之谜一天没有解开，善良的人们对人类文化遗产丢失的莫大遗憾就将继续下去。

◆ 北京人模型

巴人失踪之谜

巴人的时代,是中国人类祖先的一段重要时期。他们在中华民族历史上创造了一系列辉煌灿烂的文化和人类的繁衍生息后,于秦末汉初,几乎是一夜之间集体消失了!他们去哪里了?在浩如烟海的史卷中没有任何记载,在惊世连连的考古中没有任何答案,留下的,是一个世界未解之谜……

人说巴史就是一部战争史。商末,武王伐纣征用了巴人充当敢死队,这是巴人军队第一次出现在历史舞台。而这精彩的亮相立刻让天下为之

动容，不仅因为他们的勇猛凶狠，还因为他们独特的作战方式——歌舞凌人。他们训练有素、神威果敢，行进中槌击着铿锵有力的战鼓"淳于"，声大如雷，厚重悠扬。这样的气势和威力在战斗中起到的作用恐怕不弱于

◆ 悬棺

最不可思议的中外悬案

利剑长矛,难怪纣王的军队刚一交手就望风而逃了。周朝建立后,巴人受封子国,首领称为巴子,实行世袭君主制,从此巴国正式以一个诸侯国跃然于中国历史。到战国七雄并起称王时,巴国虽也脱离周室称王,但国势已日渐衰微,被迫向川东、川北和川南发展,进入三峡地区,溯江而上,控制了北接汉中、

南极黔涪、东至奉节、西到宜宾的大片地区。战国后期，巴国更见衰落。公元前316年，秦国出兵先灭掉了蜀国，而后秦大将司马错大军直取巴国。巴人与入侵强敌经过大小数10次惨烈战斗，丢失了无数城池和大片土地。在鄬都，巴人顽强地与秦军对抗。经过连番激烈战

◆ 根据岩画手绘的巴人部落

斗,付出高昂代价的秦军终于攻入酆都。然而令他们万万想不到的事情发生了:巴国首领和十几万军民几乎在一夜之间消失了踪迹,留给他们的是一座空城,真正的"活不见人,死不见尸"。于是酆都有了"鬼城"之说,一直流传到现在。巴人失踪,标志着作为一个国家的历史的结束,更成了举世瞩目的历史之谜。

在三峡库区建设过程中,百余处巴人遗址和墓地把巴人文化从商周到战国完整地呈现出来,每一次考古发掘都令人激动不已,然而每一次又都增加新的谜

◆ 巴人古堡

团。迄今为止持续了半个世纪的巴人考古工作，不仅没有找到巴王陵，巴人最著名的三个"大谜"——"悬棺"、"文字"和"巴人失踪"，也未被破解。

　　巴人世代与水为居，故善作舟船。巴人死后，他们就将船倒置做棺，所谓船棺葬。然后把船棺悬置在悬崖峭壁上，或者放在天然或人工凿成的岩洞之中，是谓"悬棺"。放置船棺的地方，上至峰顶，下距空谷，都有数十米到百

米以上，而且到处都是异常陡峭的石壁，无路可通。这样惊险的凌空绝壁，棺木是如何放置上去的呢？专家们进行过无数次实验，甚至用现代高科技手法都做不到，不能不把它称为一个谜。

考古工作虽然发现了少量古代巴人图形夸张、线条流畅的画像、篆刻铭文、类似结绳的符号、器脊刻星座等，但无法破解其含义，所以历史界和考古界对于巴人是否拥有过文字基本持否定态度。可这样一个和"战国七雄"并肩而立的王

◆ 巴人古堡

国,却没有自己的文字,他们是靠什么进行交流和建立国家的呢?简直匪夷所思。

至于十数万巴人神奇失踪之谜,千百年来,无数人为之苦寻穷究,锲而不舍,但无一不是疲耗毕生,不得其解。号称"学界狂人"的宫玉海先生,经过研究大量古籍,大

胆断言中国巴人即是今洪都拉斯人的祖先——美洲印第安人。宫先生认为巴人战败后,分成若干支队伍分头迁徙,少部分留于川地,大多数迁往湘西鄂东,更有甚者迁徙至美洲,成为现今洪都拉斯土地上的印第安土著先民。

而最近陕西商洛地区考古专家在探寻商洛神秘洞窟起源时,发现这些洞

窟均面山、临水，故每每进洞，须越过湍急的河流。洞内呈长方形，四壁平整，人工开凿痕迹清晰，均凿有搭建木板的石槽。经初步分析，考古人员认为，洞窟防火放烟、冬暖夏凉的设计意图明显，应视为居住所用。据介绍，考察中已发现有的洞

◆ 悬棺

窟内有悬棺遗迹，但因位置太陡、太高，无从接近。专家说，"所有洞窟都是在红砂岩上开凿的，虽然岩质脆硬，但要用简陋的工具在半山腰上开凿洞窟，其工程量的巨大也不可想像……"除此之外，考古人员还在这里出土了一些巴人文物。这些文物与三峡地区出土的如出一辙，器具上的符号惊人的一致。专家认为，巴国被灭后，巴人可能又大批迁徙至商洛地区，开凿了大量洞窟居住。在休养生息中，大部分巴人随着通婚，渐渐与汉人融合了，而只是在葬式上还保留着自

已的传统而已。不过，即使最终定论这些神秘洞窟就是巴人的遗存，就是他们所开凿的，但他们究竟如何开凿的及其如何生活的，也还需要更长时间的研究和论证。

◆ 悬棺

◆ 探寻巴人

吴广死因之谜

秦二世元年（前209年），一场席卷全国的农民大起义爆发，最终埋葬了秦王朝。点燃革命烽火的陈胜与吴广，率领900戍卒揭竿而起，建立了张楚政权。不久，陈胜以吴广为假王，率重兵进攻荥阳（今属河南）。然而，正当起义斗争深入发展时，吴广却被其部将田臧杀死，这一事件给起义军造成了极大损失。

◆ 大泽乡起义

最不可思议的中外悬案

吴广为什么被杀？据《史记·陈涉世家》记载，吴广领兵攻荥阳时，因孤军深入，形势极为不利。数月后，惨败于渑池（今属河南）。而秦王朝组织数十万军队，正在反击义军。田臧等人见战败，而秦军将至，荥阳又迟迟未克，于是商议说："今假王（吴广）骄，不知兵权，不可与计，非诛之，事恐败。"于是假借陈胜之命杀了吴广，献其首级于陈胜"。由此可知，吴广骄蹇自大，部下无法与他商议军事行动计划，不得不杀之。

◆ 农民起义

然而这一结论并非无懈可击，理由是：一，"假王骄，不可与计"出于田臧等人之口，可靠性值得怀疑；二，《史记·陈涉世家》载："吴广素爱人，士卒多为用者"，可见吴广并不是田臧所说的"骄蹇"；三，《史记·陈涉世家》中仅载陈胜为王之后骄傲、武断的行为，对吴广的"骄蹇"却只字未提。

◆ 陈胜吴广起义遗址－涉故台

上述疑问，一般有3种解说：一说田臧和吴广在军事行动上有分歧，无法统一。田臧不得不杀吴广，以求预定的军事行动能顺利实施。一说认为，

◆ 陈胜墓

最不可思议的中外悬案

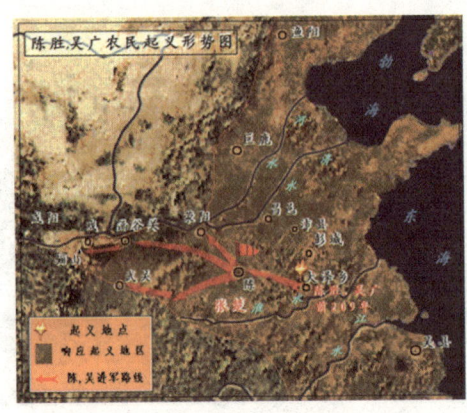

◆ 陈胜、吴广农民起义形势图

吴广之死与陈胜有关。可以推测，田臧杀吴广得到了陈胜的默许，否则又何须"献首于陈王"？还有一说认为，田臧是个有野心的人，不甘久处吴广之下，因此用"骄，不知兵权"作为除去吴广的借口。

吴广被杀的原因，没有更多的史料可以确定某一说。但一位农民战争的领袖，没有死在战场上，而是倒在部属的刺刀下，其原因还是值得探究的。

陈子昂英年早逝之谜

唐初诗人陈子昂,字伯玉,是开拓唐诗发展道路的先驱。他的《登幽州台歌》:"前不见古人,后不见来者。念天地之悠悠,独怆然而涕下。"蕴含着丰富的内容,千百年来广为流传。一生刚正不阿,追求贤明政治,然而陈子昂仅活了42岁便死于非命,人们不禁要问,他到底死于何因?

据陈子昂生前好友卢藏用《陈子昂别传》及《新唐书》《旧唐书》记载,陈子昂是被贪婪残暴的射洪县令段简迫害致死

◆ 陈子昂

的。武则天圣历元年（698年），左右拾遗陈子昂以父老乞罢职归侍。武则天下诏允许他带官返乡，是年秋，陈子昂回到家乡梓州射洪（今四川射洪）。次年七月，其父元敬病故。守丧期间，他痛哭不止，气息欲绝，健康受到严重损伤。就在此时，县令段简"闻其家有财，乃附会文法"，罗织罪名，欲加害陈子昂。陈子昂不得不使家人送交二十万缗钱，段简仍嫌太少，多次派吏用车子把病弱不堪的陈子昂拉到县衙传问审讯，进而定罪下狱。陈子昂自度难保性命，忧愤至极，含冤死在狱中。可是，陈子昂是带官归侍，且得

◆ 陈子昂

到武则天的许可,区区县令段简岂有随意加害之理?由此看来,陈子昂之死,需要另找原因。

唐赵儋代梓州刺史鲜于叔明撰写的《为故拾遗陈公建旌德之碑》曰:"及军罢,以父年老,表乞归侍。至数月,文林(陈元敬曾任文林郎)卒。公至性纯孝,遂庐墓侧,杖而后起,柴毁灭性,天下之人莫不伤叹。年四十有二,葬于射洪独坐山。"由此碑文可知,

陈子昂至性纯孝，为父守丧庐于墓侧，悲伤过度而死，他人加害的可能性并不存在。

然而，唐朝文人沈亚之在《上九江郑使君书》中，却将陈子昂之死同武三思挂起钩来，曰："乔（知之）死于谗陈（子昂）死于枉，皆由武三思嫉怒于一时之情，致力害。一则夺其妓妾以加憾；一则疑其摈排以为累，阴令桑梓之宰拉辱之，皆死于非命。"沈氏认为，武三思怀疑陈子昂摈排，指使县令段简直接加害，以致陈子昂惨死狱中。

唐史学家岑仲勉经过考证，提出另

◆ 读书台

一种观点。他在《陈子昂及其文集之事迹》一文中说："以武后、周（兴）、来（俊臣）之淫威，子昂未之惧，何独畏夫县令段简？余由此推想：谓子昂家居时，如非有反抗武氏之计划，即必有诛讨武氏之文字，'别传'所谓'附会文法'，匣剑帷灯，饶有深意。唯如是，斯简之敢于数舆曳就之，子昂之何以惧，何以贿，均可释然。及不堪其逼，遂以死谢之。"

可是，仍有人提出不同的看法。彭庆生作《陈子昂诗注》，反驳了岑仲勉的观点，他认为推想陈子昂有反抗武则天之计划或文字，未免凿空。若陈子昂确有其事，段简必然上奏，断无权擅自处理。

围绕陈子昂的死因，人们还在提出不同的看法，究竟何种解释更接近于历史真相，仍有待进一步研究。

夜明珠之谜

茫茫宇宙，无奇不有，夜明珠之谜，也是一桩千古疑案。夜明珠在我国古代民间又叫"夜光璧"、"夜光石"、"放光石"，相传是世界上极为罕见的夜间能发出强烈光芒的奇宝。

夜明珠究竟是一种什么性质的奇宝？古今中外的说法颇不一致。据一些专家考证，夜明珠是几种特殊的矿物或岩石，经人们加工后才变成圆珠形，所发的光也不像传说中的那样能把"龙宫照得如同白昼"。黑暗中，发光强度较大的夜明珠，人们在距离它半英尺的地方，都能清清楚楚地观看到印刷品。

◆夜明珠

工程师霍永锵、肖铭林二位同志于1982年在广东某钨矿床，发现了夜间自行发光的萤石，这些萤石五彩缤纷：浅绿的、深紫的、浅蓝的以及各种叫不出色彩的。这次收集到的萤石颗粒较小，只有5～6毫米，要获得可制成大颗粒圆珠的矿物还有待今后继续寻找。虽然这次发现的萤石不是古代传说的夜明珠，但却为今后寻找夜明珠提供了重要线索。

为什么夜明珠夜间会发出强烈而又

绮丽的亮光呢？一些专家认为，在夜明珠的萤石成分中混入了硫化砷，钻石中混入了碳氢化合物。白天，这两种物质发生"激化"，到晚上释放能量而变成美丽的夜光。以上只是一部分专家的看法，不一定全面、准确。据说还有一种叫做水晶夜明珠的，能发出"火焰"般的夜光，但还不清楚其中的发光物质是什么。总之，夜明珠至今仍是一个千古奇谜。

九鼎下落之谜

九鼎,是夏启时铸造的九只刻镂精美、古朴典雅、气势庄重的青铜大鼎,体现了王权的集中和至高无上,反映了国家统一和民族昌盛。几千年来,一直被人们视为中华民族的传世国宝。令人遗憾的是:尽管有关九鼎的资料,不绝

班固像

于史册，但早在2000多年前，它就不知隐身何处了。而关于九鼎的下落，史家也是众说纷纭，不一而足。

司马迁在《史记》一书中，对九鼎的记叙，就前后不一。如：在周、秦二"本纪"中说："秦昭王五十二年（公元前255年），周赧王死，秦从雒邑掠九鼎入秦。"但在《封禅书》中说："周德衰，宋之社亡，鼎乃沦没，伏而不见。"由后者分析，九鼎在秦灭周之前就已经不见，但是由前者所述，秦在秦昭王二十五年从雒邑掠九鼎，岂不是自相矛盾！东汉著名史学家班固在其所著的《汉书》中，对九鼎的下落，采取兼收并蓄之法，收录了司马迁的上述两说，同时又补充了一条史料，说是在周显王四十二年，即公元前327年，九鼎沉没在彭城（今江苏徐州）泗水之下。后来秦始皇南巡之时，派了几千人在泗水中进行打捞，毕竟是江水滔滔，无觅处，只得徒劳而返。

到了清代，九鼎更加难以寻觅，后代史家只能随意揣测了。王先谦在《汉书补注·郊祀志》中认为：东周王室衰落时，已无力保护自己，象征王权和"天命所归"的九鼎，成了各诸侯必欲夺之的稀世国宝；加之此时周王室财政困难，入不敷出，于是销毁九鼎以铸铜钱，对外则诡称九鼎已不知去向，甚至说其中一鼎已东飞沉入泗水之中。王光谦的说法虽似有理，但提不出任何一点史料加以证实，因此难以使人置信。

纵观中国历代史籍关于九鼎的记载，往往都是自相矛盾而提不出充分可靠的依据。根据史书记载，它确实曾作为夏、商、周三代的镇国之宝，而且从未发现关于它已销毁的历史记载。因此，九鼎的下落，至今仍是一个谜。或许今后会有揭开谜底的一天。

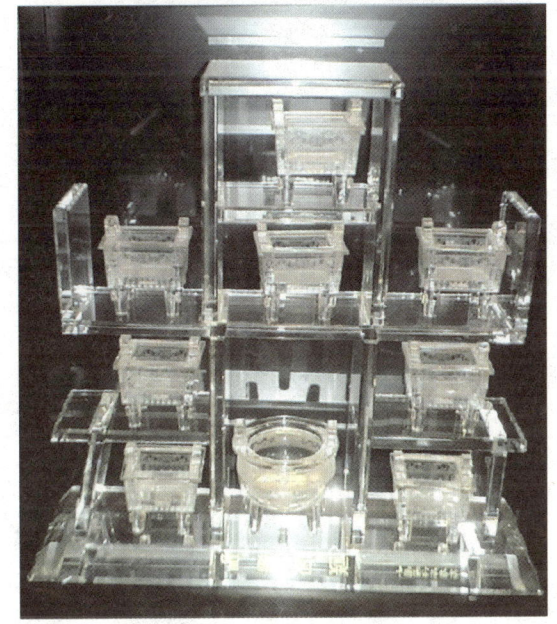

◆ 中华九鼎系列的礼品鼎

郑成功死因之谜

◆ 郑成功

中国历史上第一个收复台湾的民族英雄郑成功，在台湾仅生活了一年即猝然死去（1624—1662年），年仅39岁。郑成功英年早逝，死因何在？

有的说，郑成功连年征战，殚精竭虑，严重损害了他的身心健康。台湾收复后，百废待兴，政务繁杂，因而"积劳成疾，一病不起"。

有的说，清政府为了翦除郑成功，

重金收买郑成功的亲信,"用一种慢性毒药投放到郑成功的饮食中去",最后毒性发作,"郑成功中毒身亡"。这一说法根据的是郑成功临终前的病状。夏琳《闽海纪闻》说,郑成功弥留之际,都督洪秉诚调药以进,为郑成功投掷于地,由此推断,郑成功对有人谋害自己已有觉察,但为时已晚。其次,郑成功临死前一天,马信推荐一医师投药一帖,当晚郑成功便死去,五天后,他也无病而终,这很有可能是马信被人收买投毒,事成后又被杀死灭口。

　　清人江日升的《台湾外志》则认为，郑成功临终前五天还"登将台，持千里镜"，巡视海域，得疾而终似不可能。郑成功之死，应是缘于"家族不睦，其子乱伦"。江日升说，郑成功的父亲郑芝龙原是个"流民"、"海寇"，1628年受明王朝招抚，维持沿海治安，因迭次建功，官至都督同知。1645年明唐王朱聿键在福州称帝，改元隆

武,封郑芝龙为建安伯。郑芝龙携郑成功引见,受到唐王赞赏,赐姓"朱"名"成功",民间称为"国姓爷"。1646年,清军擒朱聿键,郑芝龙见大势已去,叛明降清。而郑成功坚决不投降,乘船到南澳,募兵反攻,并取得了厦门为根据地,继续奉明,从此与郑芝龙分道扬镳。

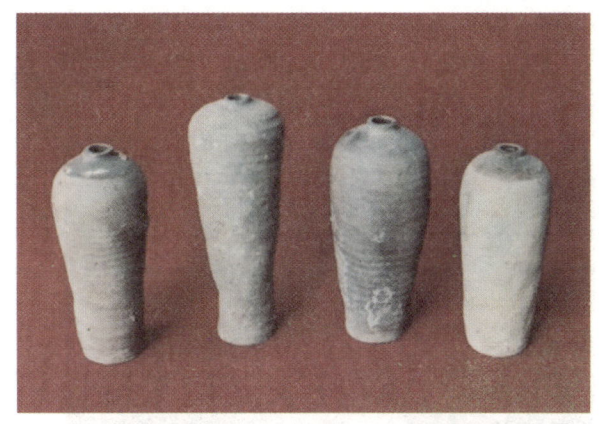

郑成功收复台湾后,郑氏兄弟辈出现了裂痕,尤以郑泰、郑鸣骏为最,父亲反叛,兄弟间貌合神离,郑成功痛心疾首。与此同时,其子郑经与乳母陈氏私通,郑成功初不知,后经人告发,"令郎狎而生子,不闻饬责,反加赉赏,此治家不正,安能治国乎?"随即下令杀郑经、陈氏等人,郑经得知,与幕宾相商,不但此事被他一一掩饰搪塞,而且还对郑成功说,若要一意孤行,准备与清军相妥协。遭此打击,性格刚毅、崇尚礼教的郑成功终于在

1662年五月初八日大呼："吾有何面见先帝于地下也"，"以两手抓其面而逝"。

《台湾外志》作者江日升自称，编纂此书不敢一字影捏，但其毕竟是一部以小说体裁写成的作品。郑成功"家族不睦，其子乱伦"是否是他致死的原因，还有待专家进一步研究。

秦始皇死因之谜

始皇三十七年（前210年），秦始皇第五次出巡，一路劳顿，病倒在平原津（今山东平原）。赵高奉命写遗书给始皇长子扶苏："与丧命咸阳而葬。"信未送出，秦始皇就死在沙丘行宫（今河北广宗）了。

赵高是个宦官，父母都是秦国的罪人，兄弟几人都是生而为奴。秦始皇听说赵高身强力壮，懂点"狱法"，就提拔他作中车府令，专管宫廷乘舆车与印信、墨书。秦始皇还

◆ 秦始皇

令赵高教自己的小儿子胡亥学习法律。赵高在秦始皇病重和死后的种种表现，使人不得不怀疑秦始皇的死与他有关。

秦始皇这次出巡，亲信上卿蒙毅也在随行之列，可是秦始皇病重时，蒙毅却被遣"还祷山川"。遣走蒙毅，就去掉了扶苏的耳目；加之赵高曾被蒙毅治罪而判死刑，后因秦始皇赦免才恢复官爵，赵高对蒙毅恨之入骨，遣走蒙毅也为实施自己的计谋清掉了绊脚石。秦始皇死后，赵高说服胡亥威胁李斯，

◆ 秦始皇头像沙雕

三人假造秦始皇诏书,由胡亥继承皇位。同时,还以秦始皇的名义指责扶苏不孝,蒙恬不忠,命他们自杀。在得到扶苏自杀的消息后,胡亥、赵高、李斯才命令车队返回咸阳。为了继续欺骗臣民,车队还摆出了继续出巡的架势。为遮人耳目,胡亥一行命人买了许多鱼装在车上以乱始皇尸体腐烂的臭味。到达咸阳后,胡亥继位,是为秦二世,赵高任郎中令,总管宫殿大小门户,可以把秦二世控制在手,于是又开始实行他的新计谋。先陷害蒙氏兄弟,诛杀诸公子;又布下陷阱,把李斯逼上死路。升任丞相后,因为是宦者,可以出入宫禁,还特称"中丞相"。

赵高觊觎的是

最不可思议的中外悬案

◆ 指鹿为马的赵高

◆ 扶苏墓

皇帝的特权,而始皇并不像秦二世那样由他支配,因此始皇第五次出巡而途中病重,对他来说是实施自己计谋的良机。至于秦始皇是病死还是被害,目前尚无定论,如果是被害,赵高又是如何使秦始皇致死的?这都是历史的缺页。

秦兵马俑坑毁于谁手

秦兵马俑坑总面积二万多平方米，坑内步兵、骑兵、车兵混合编队，再现了当年规模宏大的军阵。但考古现场看到的却是一片残破景象，大多兵马俑或东倒西歪，或身首分离，或臂断腿折。原来架设在一号坑和二号坑上的棚木、芦席、顶梁木柱等，也均成了灰烬、焦炭，周围尽是经大火焚烧而成赤

◆ 三号坑兵马俑

最不可思议的中外悬案

红色的红烧土。显而易见,兵马俑坑曾遭受过大火的焚毁。那么,是谁焚毁秦兵马俑坑的呢?

《汉书·楚元王传》载引刘向的疏文云:"秦始皇帝葬于骊山之阿……天下苦其役而反之,骊山之作未成,而周章百万之师至其下矣。项籍燔其宫室营宇,往者咸见发掘。其后牧儿亡

◆ 秦始皇兵马俑博物馆

羊，羊人其凿，牧者求羊，失火烧其臧椁。"不少学者认为兵马俑坑的残破景象，是项羽和牧童造成的。然而，细阅《汉书·楚元王传》，其所载刘向的疏文，是谏阻汉成帝营建奢华陵墓的。文中并无明确记载项羽、牧童烧毁兵马俑坑的材料，甚至连有无兵马俑坑，也只字未提。可见，把焚毁兵马俑之事归于项羽、牧童，并无实据。于是，有人认为，秦兵马俑坑遭焚毁是由于地下沼气自燃所致。不过据考古工作者发掘，三号坑没有发现火烧痕迹，纯因自然腐朽和塌方而遭破坏。如果一号、二号俑坑因地下沼气自燃而被焚毁，那么同时建造的三号坑为什么没有自燃呢？

◆ 兵马俑

此外，还有人认为兵马俑坑是秦代人在陵墓建成后，自己放火焚毁的。因为在古代丧葬礼仪和一些少数民族的丧葬礼仪中，确实存在烧毁祭葬物品及墓前某些建筑物的风俗。

但是又为什么只烧一号、二号俑坑，而不烧三号俑坑？假设兵马俑坑确为秦人自己所焚毁，从建成到焚毁相隔的时间不会很长，但从考古发掘来看，俑坑底部漫地砖上

普遍都有十几层二三十公分厚的淤泥层，这绝非短时间内能够形成的。再说，秦始皇陵建成之际，也是秦王朝行将覆亡之时。

如果说相隔多年而焚毁兵马俑坑，此时秦王朝已不复存在，再为秦始皇举行这种丧葬礼仪显然已无必要了。秦兵马俑坑究竟是被谁焚毁的呢？还有待于进一步探索。

武则天出生地之谜

武则天是一位赫赫有名的女皇帝,据两唐书载,她的籍贯在并州文水(今山西文水),然而她的出生地却一直没有定论。

四川广元说

唐李商隐《利州江潭作》的诗题下,有自注:"感孕金轮所。"这句话是什么意思呢?《太平御览》卷一八四曰:"顺圣皇后庙,在州西告成门外。旧碑云:'其母

◆ 武则天出生地

感溉龙而生后,庙号则天金轮皇帝。'"明代胡震亨《唐音癸签》卷二十三《李商隐》条引《蜀志》曰:"则天父士为利州都督,泊舟江潭,后母感龙交,娠后。"原来,李商隐依据的是一个民间关于龙潭

的传说:有一天武都督的夫人杨氏去潭边玩,忽然潭中跃出一条金龙,和她交欢,杨氏因此有孕而生下武则天。从李商隐自注来看,他是肯定武则天生于利州(今四川广元)的。

1955年修宝成铁路时,发掘出孟昶所撰的《利州都督府皇泽寺唐则天皇后武氏新庙记碑》一通,碑文中提及武则天的身世,云:"贞观时,父为都督于是州,始生后焉。"这样就为武则天生于利州找到了更加充分的根据。

而在广元,有以武则天名字作地名的"则天坝"、武则天孩提时的梳妆楼(1955年被毁)、武则天常去朝香拜佛的"千佛崖"、嘉陵江畔皇泽寺内五代时刻成的武则天圆雕石像等,甚至现在当地妇女在传说的武则天生日

（农历正月二十三日）时，还要游河湾以示纪念，这就不能不让人自然联想到武则天与广元有特殊关系。

京城长安说

有人认为，李商隐的诗及注，源自民间传说，虽然颇为神奇，但若作为信史来看，就有些荒诞了。广元地区有关武则天的传说和遗迹不少，至多说明武则天随父到过此地，而不能

◆ 武则天出生地

说明武则天就出生在利州。

据史书记载,武则天约生于高祖武德七年(624年),那时其父应在工部任尚书。也就是说,他和夫人杨氏一起住在长安。所以,武则天不可能先于其父任职利州时生在利州,她的出生地点,最大可能性应是长安。

上述两说各执一词,孰是孰非,需要继续研究。

骆宾王生死之谜

骆宾王,浙江义乌人,七岁能诗,有神童之誉,初唐诗坛四杰之一。他一生书剑飘零,沉沦下僚,为人作幕。唐高宗仪凤四年(679年)升任侍御史,不久被诬下狱。获释后改任临海(今属浙江)丞,武则天光宅元年(684年),参预徐敬业(唐开国功臣徐绩之孙。唐初徐绩赐姓李,称李绩。敬业起兵时,复本姓)发动的扬州兵变,起草了著名的《讨武曌檄》,以"试看今日之域中,竟是谁家之天下"作结尾,气势非凡,极富号召力。据说武则天看了檄文后,赫然变色,十分惋惜地说:"宰相之过也,人有如是才,而使之流落不偶乎?"扬州兵变三个月后失败,骆宾王亡命逃遁,下落不明,竟成了难解的谜案。

一说骆宾王被杀。据《唐

◆ 骆宾王

最不可思议的中外悬案

◆ 骆宾王

书·骆宾王传》《资治通鉴》《新唐书·李绩传》记载，兵变失败后，骆宾王外逃时被部将王那相所杀，传首东都，并牵连全家和族人。骆宾王的世交宋之问在《祭杜审言学士文》中，也言骆宾王"不能保族而全躯"。

一说骆宾王逃匿于今江苏南通一带。据明人朱国祯《涌幢小品》记载，明正德年间在南通城东发现骆宾王的墓，墓主衣冠如新。此墓后来迁往狼山，遗迹至今犹存。

清代陈熙晋在《骆临海集笺注·附录》中又说,雍正年间有自称李绩三十七世孙的李于诗,言扬州兵变失败后,骆宾王与徐敬业之子同匿邗之白水荡,以后骆宾王客死崇川。

一说骆宾王逃脱后削发为僧。据唐朝《本事诗》记载,宋之问曾在杭州灵隐寺玩月赋诗,吟出两句:"鹫岭郁岧峣,龙宫锁寂寥。"正沉吟续句时,走来一位老僧,听了宋之问的两句诗后,即说:"何不云:楼观沧海日,门对浙江潮?"继而连吟十句诗完篇,句句精妙,吟罢一去不复见。宋之问惊叹不已,向人打听那位工诗的老僧,才得知竟是大名鼎鼎的骆宾王。

一说骆宾王投江水而死。唐人《朝野佥

载》云:"骆宾王《帝京篇》曰:'倏忽抟风生羽翼,须臾失浪委泥沙。'后与徐敬业兴兵扬州,大败,投江水而死,此其谶也。"就是说,骆宾王最终死于江水之中。

现世对骆宾王下落的争论,主要集中于兵败后骆宾王究竟是死还是生。

主死者认为,除《新唐书·骆宾王传》外,其他正史记载都说他兵败被杀,尤其是宋之问云骆宾王"不能保族而全躯",更是力证。

主生者认为,郗云卿奉诏搜辑骆宾王遗文,他在《骆宾王文集序》中所言骆宾王"因致逃遁",必定有据。

有关骆宾王的下落,由于史籍记载相互矛盾,形成了种种猜测,迄今难以定论。

◆ 骆宾王咏鹅图

李自成兵败后的生死之谜

◆ 李自成行宫

李自成，陕西米脂人。他家境贫寒，但有勇有谋，大仁大义。他加入反明的农民起义军，南征北战，几十万大军所向披靡，终于推翻了政治腐败、经济崩溃的明王朝。但因镇守山海关的明将吴三桂勾引清军入关，李自成领兵退出北京，不知所终。

有人说李自成在九宫山遇难。《明史》的结论是，自成已死，尸朽莫辨。根据是，当时追击

李自成的清朝靖远大将军阿济格给朝廷的报告说，李自成仅带亲信20人，窜入九宫山中，被村民围困，无法脱逃，自缢而死。他派人前去验尸，而尸体已经腐烂，无法辨认。还有一个根据是，南明王朝驻湘将领兵部尚书何腾蛟给唐王的报告称，他的部众已将李自成斩于九宫山下，只是丢了首级。

但是李自成雄才大略，骁勇非常，是清王朝或南明王朝统治者心目中的大患，

他的生死绝对是当时的重大事件。而阿济格报告中说是"尸朽莫辨",纯属浮夸不实,清王朝怎能相信?何腾蛟的报告简直就是马后一炮,谎报战功,南明王朝也不会相信的。那么,为什么有"遇难"说,而且在民间广泛流传?据推测,这是李自成与其部下放的烟幕弹。一方面,扬言李自成已死,可以打消南明王朝的敌意,下一步可能联合抗清;另一方面,使清王朝以为,心腹之患已除,放松警惕,一旦时机成熟,可东山再起。

也有人说李自成在夹山寺隐居。

据说,清朝初年,即将上任的云南同知张琼伯在赴任途中,游访石门夹山寺,与寺中方丈谈古论今,颇为投缘。几年后,他又重访夹山寺,方丈已死。悼念之中,方丈的徒弟告诉他:那方丈就是威震天下的闯王李自成,而在九宫山死的是他的部将孙某。乾隆初年,澧

州知州何某亲赴夹山寺调查李自成的下落，在寺中他亲眼见过一幅李自成的画像，据称，叫"奉天玉和尚"。1981年，在石门夹山寺发现了奉天玉大和尚墓。据考查，在一个瓷坛中盛的遗骨，与李自成身材相近。墓中陪葬物与李自成家乡陕西米脂县的习俗相同。

　　但这一说法仍有不同意见。有人说，奉天玉大和尚墓等的发现，只能说明石门夹山寺确实有奉

天玉大和尚这个人,并不能证明奉天玉大和尚就是李自成。又有人说,李自成生前左眼曾受箭伤失明,但画像却双目炯炯有神,所以奉天玉不是李自成。因而,李自成隐居于夹山寺一说,也成不了定论。

同治帝死因之谜

晚清皇帝中,同治皇帝的死因一直是史界和老百姓津津乐道的话题。同治帝年仅19岁就去世,正史记载是死于天花。但民间流传甚广的是,同治帝是因微服逛妓院,染上梅毒而死。在历史研究者当中,也有人持同治死于梅毒说法的,但更多研究者认为应根据档案史料来解开这个疑案。他们通过对清宫档案史料的分析,认定同治确系死于天花而不是梅毒。双方各执一

◆ 同治皇帝

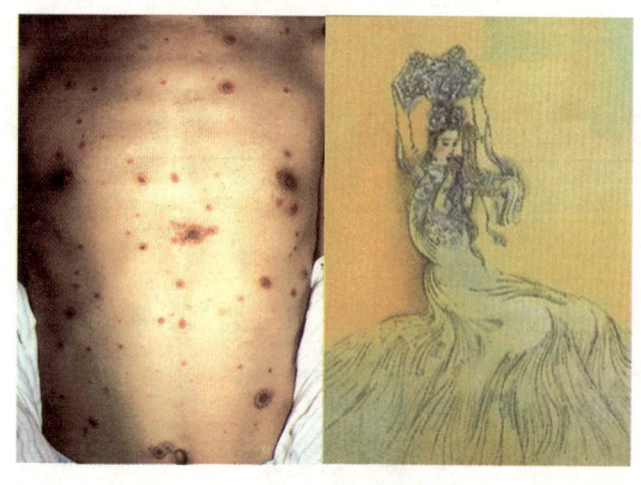

词,同治的死因也就成为中国近代史上解不开的谜。

老百姓怀疑同治帝死于梅毒,是有原因的。

其一,在当时情况下,即使是一般百姓,患天花还不至于死亡,何况是堂堂天朝皇帝呢?另外,天花和梅毒病症是非常相似的。

其二,据《清代外史》记载,同治帝选皇后的时候,同生母西太后发生分歧。西太后喜欢美貌艳丽

但举止轻佻的侍郎凤秀的女儿，但同治帝和东太后慈安却都看中了清朝唯一的"蒙古状元"崇绮之女阿鲁特氏。同治帝不顾母后的反对选择了阿鲁特氏为皇后，

对此慈禧太后一直耿耿于怀。婚后，同治与皇后"伉俪綦笃"，但慈禧千方百计离间二人的关系，阻止他们相见。同治帝虽有一妻四妾，却不能自主，索性终年独宿乾清宫。在乾清宫的同治帝独眠难熬，就经常化装成老百姓微行出宫。

◆ 同治帝陵园

后来,就从宫中传出同治帝出痘病重之事。据此,人们怀疑,皇帝微行时到过前门外的八大胡同逛妓院,因而染上了梅毒。

在近人对同治死因的研究中,有两篇结论相反的文章最值得注意。一篇是当时同治帝的御医李德立的后人李镇写的文章《同治究竟死于何病》(以下称李文),他根据父辈传下来的口碑材料认定同治帝死于梅毒。另一篇是人民大学档案学院的研究者刘耿生和中医医生张大君合撰的《从公布

◆ 同治帝陵园

档案史料谈同治帝的死因》（以下称刘文），对传世的同治帝的病症档案进行分析，肯定所记载的症状是天花而不是梅毒。

李文称：曾祖父奉诏入养心殿请脉之初，已看出是梅毒之症，为了慎重起见，曾约一位有名外科御医张本仁会诊，一致肯定是杨梅大疮。自忖若奏明慈禧太后，她通晓医道，如若一时火起，指责有辱九五之尊，必遭杀身之祸。倘若知情不报隐瞒病情，最终难免治罪，何况这是自古以来少见的帝王绝症，难告于天下，不如装糊涂吧。既然宫中都说天子出水痘，就照天花来治。不过因为每张请脉处方都要呈东西两太后过目，所以只能用芦根、元参、金银花、桔梗之

最不可思议的中外悬案

类配制的"益阴清解饮"、"益肾清毒饮"等滋阴化毒的补剂。当然，即使只用以上所列"温药"进行调理，同治帝也不致死亡。据说，后来发生了一个变故，直接造成了同治帝的猝死。

"十二月初四日午后，阿鲁特氏来东暖阁视疾。这时早有监视太监走报西太后，说皇帝和皇后阁内私语。慈禧急来东暖阁，悄悄立在帷幔之后窃听。此时皇后毫无察觉，哭诉备受母后刁难之苦。慈禧听到此处勃然大怒，立刻推幔闯入帏内，一把揪住皇后的头发用力猛拖，又劈面猛击一掌，顿时皇后血流满面，惨不忍睹。慈禧又叫太监传杖，棒打皇后。同治大惊，顿时昏厥，从床上跌落在地，病势加剧。急传先曾祖入阁请脉,但已牙关紧闭,滴药不进,于次日夜晚死去。"

但刘文认为,此说未见档案史料参证,难成定论。天花和梅毒的病状是有显著的区别的,而药底簿所描写的病状是天花而不是梅毒。理由有以下几点:

第一,患天花者发病很急,一般都要伴随发烧、脉搏跳动加快的反映,而患梅毒者则起病不急,无发烧症状。而药底簿记载同治发病之初连续发了7天的高烧,"脉息浮数而细,系风瘟闭束,阴气不足,不能外透之症,以致发热头眩,胸满烦闷,身酸腿软,皮肤发出疹形未透,有时气堵作厥"、以及"咽喉干痛,胸满作呕,头眩身热"等,这些都是出天花的症状。

第二,同治患病时出现头痛、背痛、发冷、寒战等全身性的天花症状,而梅毒患者不会有这些全身性的明显症状,表面看也许像个健康人。

第三,从分布部位上看,天花皮疹一般发于额部、发际、面

◆ 老北京八大胡同的青楼

◆ 同治帝便装像

◆ 同治帝大婚

颊、腕,逐渐延及臂、躯干而至下肢,多见于身体暴露部位,呈离心状分布,这与药底簿所记的症状是相吻合的。

那么,为什么患天花会导致同治帝死亡呢?那是因为同治在天花的后期不幸皮肤感染,这种并发性的皮肤感染愈来愈重,使病人逐渐丧失了抵抗力。最后,皮肤感染发展到发生"坏疽性口炎"的地步,导致全身衰竭而突然死亡。

以上论证可以说是史学和医学的完美结合。不过,遗憾的是,刘文并没有提出证据,排除药底簿是御医等人为了掩饰同治帝的真实病状而故意伪造的可能性,所以也就影响了"同治帝死于天花"这一结论的权威性。看来,同治帝死因之谜尚有待于后人的进一步探索。

光绪皇帝死因之谜

1908年11月14日晚上，38岁的光绪皇帝突然在北京中南海瀛台去世。第二天下午，他的母后与政敌慈禧太后也病死在中南海仪鸾殿。消息公布后，立即在全国引起种种怀疑和猜测，因为这对母子自戊戌政变后一直处于对立状态中，现在两人几乎同时死去，又是光绪死后慈禧才死，于是，社会上对光绪之死产生了种种不同说法：

第一种说法认为，慈禧病危时，不愿在她死后让光绪再掌朝政，派亲

◆ 光绪陵

◆ 光绪陵

信去窥探光绪动静，得知光绪"竟有喜色"，大怒说"我虽病，当不致先他死，他休痴想！"于是派人将光绪毒毙。

第二种说法认为，慈禧的亲信太监李莲英平日狗仗人势，常迫害光绪，害怕慈禧死后光绪上台危及自身，故暗中毒死光绪。

第三种说法认为，袁世凯在戊戌政变中出卖了光绪，他担心光绪重新上台，便重金买通内监，暗中下毒谋杀了光绪。

以上几种说法流传颇广，但都是猜测之词。近年历史学家在故宫博物院中找到大量清宫医案，其中有光绪历年的病历与药方，据此分析，光绪帝死亡纯是因自身疾病加剧所致。据现代医学分析其病史，他的肺、肝、心等都有病，到1908年已病入膏肓，进入危急阶段。光绪死前4日的医案上还写着："此病不出四日，必出危险！"11月12日御医们已感到束手无策。13日，光绪"目睆微白而珠露"，危在旦夕。14日进入弥留状态，"脉息如丝欲绝"，到此日夜，光绪终于死亡。如此看来，应是正常死亡。

◆ 光绪陵

但有历史学家提出：清宫病历医案就全然可靠么？阴险、残忍而又狡诈的专制统治者难道不能伪造

◆ 光绪陵

或篡改病历医案么？于是，人们又开始思索与探讨了。由于封建专制政治特有的神秘性与封锁制度，以及层出不穷的阴谋，缺乏起码的公开性与透明度，使得中国历史上政权更替经常出现各种难解的谜案，仅清朝就有顺治、康熙、雍正、慈安太后、同治以及光绪等的死因之谜，成为历史疑案，在今天还引起人们的争论。

岳飞刺字之谜

岳飞背刺"尽忠报国"四字昭示爱国心迹，但四字何人所刺，民间传闻有多种版本。

清人钱汝雯《宋岳鄂王年谱》卷一上说"母刺"，取材于《唐门岳氏宗谱》，此谱成书较晚，不足为凭。

《宋史·何铸传》审问岳飞的史事，说岳飞背上四字乃"旧刺"也。按此线索考查可知这"旧刺"实是"旧制"所致。这与宋代"刺字为兵"的制度有关。宋朝统治阶级在招募兵勇时，兵勇脸部要被刺字，是为入籍标志。南宋人牛弁《曲洧旧闻》说："艺祖（即宋太祖）平定天下，悉招

聚四方无赖不逞之人，刺字以为兵。"说明宋代募兵制是要刺字为记的。也有不刺字于面的，如范仲淹任"环庆路拒西夏招讨史"主陕边务，所招募的兵勇只刺字于手背或手臂上。所刺文字最初是军队编号，如武德军、陕军等，稍后亦可刺吉语、警策语。

岳飞宣和四年（1122年）19岁时于河北真定第一次应募入伍，背部刺字大约是此时所致，因为北宋末年"刺

字为兵"的制度仍在贯彻执行。"刺字于面"的士兵为当时社会所歧视,在这种背景下,岳飞既要当兵报效国家,又不能违反"刺字"入军籍的制度。因此,他选择"尽忠报国"四字刺于背部明志,是符合当时募兵制度实际情形的。

但是实情如何,还有待历史的进一步考证。